AF335793

LA COMTESSE

DE LA RUE CADET

COMÉDIE-VAUDEVILLE

EN UN ACTE

PAR

M. LÉON SUPERSAC

Représentée, pour la première fois, à Paris, sur le théâtre du PALAIS-ROYAL,
le 5 octobre 1862.

PARIS

MICHEL LÉVY FRÈRES, LIBRAIRES-ÉDITEURS

RUE VIVIENNE, 2 BIS, ET BOULEVARD DES ITALIENS, 15

A LA LIBRAIRIE NOUVELLE

1862

BALIBOUZE... MM. Luguet.

MONTMIQUET..................................... Mercier.

THÉODULE .... Priston.

SYLVAIN.................................. Fizelier.

MADAME FOLLENCHÈRE.............. Mmes Delille.

CÉSARINE...................... .... Madeline.

BLANCHE.................................. Danjou.

La scène, à Paris, chez madame Follenchère.

LA COMTESSE
DE LA RUE CADET

Le théâtre représente un petit salon meublé avec élégance. — Au fond, porte à deux battants au milieu. — De chaque côté deux petites portes fermées par des portières. — Deux autres portes encore à droite et à gauche au second plan une cheminée avec des pincettes. — Un peu en avant de la porte, un canapé. — Devant le canapé, un tabouret. — Entre la porte et la cheminée une console qui supporte un verre d'eau, sucrier, etc. — A gauche, au premier plan, une table à jouer.

SCÈNE PREMIÈRE

MADAME FOLLENCHÈRE, BLANCHE, puis SYLVAIN, au lever du rideau madame Follenchère et Berthe, assises devant la table, travaillent à des objets de broderie.

MADAME FOLLENCHÈRE.

Blanche, as-tu repassé ton piano?

BLANCHE.

Oui, maman.

MADAME FOLLENCHÈRE.

Je veux que tu brilles, ce soir... songe que nous attendons à diner, ton futur beau-père, M. Montmiquet.

BLANCHE.

Je vais m'appeler madame Montmiquet. (Faisant la moue.) Un joli nom.

MADAME FOLLENCHÈRE.

Enfant, un joli nom ne fait pas le bonheur en ménage... Henri VIII avait un joli nom, et il n'a pas rendu ses femmes aussi complétement heureuses qu'on aurait pu le désirer.

SYLVAIN, entrant brusquement un gros bouquet à la main.

V'là le bouquet...

MADAME FOLLENCHÈRE, sautant.

Mon Dieu, Sylvain, ne pourriez-vous changer vos expressions, et dire... voici le bouquet que M. Théodule envoie à mademoiselle Blanche, sa fiancée.

SYLVAIN.

Oui, madame.

BLANCHE, prenant le bouquet.

Il est charmant...

MADAME FOLLENCHÈRE.

C'est de l'argent de perdu... mais c'est toujours flatteur... Dites-moi, Sylvain, Césarine est-elle descendue pour vous aider...

SYLVAIN.

Pas encore, madame.

MADAME FOLLENCHÈRE.

Madame Balibouze m'avait pourtant bien promis de me la prêter. pour ce soir... C'est une fatalité, se trouver sans femme de chambre dans un moment pareil... obligée de renvoyer la mienne la semaine dernière.

SYLVAIN.

Et je dis que madame n'a pas eu tort.

MADAME FOLLENCHÈRE.

Une fille qui, avec ses airs de sainte-nitouche, me buvait toutes mes liqueurs... et me remplissait les flacons d'eau.

SYLVAIN.

Elle disait qu'elle faisait du grog à madame. (Avec satisfaction.) Ah! nous avons ri à la cuisine, nous avons ri... pendant trois mois...

MADAME FOLLENCHÈRE.

Hein? (Elle le regarde; Sylvain reste stupide.)

SYLVAIN.

Je vais chercher mamzelle Césarine.

MADAME FOLLENCHÈRE.

C'est inutile... Elle va descendre... Ah! Césarine, à la bonne heure, voilà un excellent sujet.

SYLVAIN, avec expression.

Ah! oui, un sujet...

MADAME FOLLENCHÈRE.

Une fille réservée, modeste.

SYLVAIN, de même.

Oh! oui, modeste.

MADAME FOLLENCHÈRE.

Pleine de qualités...

SYLVAIN, de même.

Et des sentiments... quand je pense qu'elle demande à sortir... trois fois par semaine... pour aller lire le journal à une vieille parente qui est tombée en enfance.

MADAME FOLLENCHÈRE.

C'est très-bien...

SYLVAIN, avec un grand mouvement.

Ah! si madame voulait lui proposer ma main.

MADAME FOLLENCHÈRE.

Vous, Sylvain?

VOIX DE THÉODULE.

Ces dames sont là, merci.

MADAME FOLLENCHÈRE.

La voix de Théodule... Allons vite, à votre service.

SYLVAIN.

Je mets tout mon espoir en madame. (Il sort.)

SCÈNE II

MADAME FOLLENCHÈRE, BLANCHE, THÉODULE.

MADAME FOLLENCHÈRE.

C'est ce cher enfant !

THÉODULE.

Belle maman, je vous offre mes hommages les plus res-
pectueux. (A Blanche.) Mademoiselle, c'est avec une admiration toujours nouvelle...

BLANCHE, souriant.

Monsieur !

THÉODULE, lui tournant le dos ; à part.

Ah! que je suis donc contrarié, mon Dieu !

BLANCHE, étonnée à part.

Eh bien! voilà tout ce qu'il me dit.

MADAME FOLLENCHÈRE, montrant le bouquet.

Vous avez encore fait des folies, c'est trop beau.

BLANCHE, à part.

Tiens, je ne trouve pas.

MADAME FOLLENCHÈRE.

Mais je vous vois seul, est-ce que monsieur votre respec-
table père ne serait pas arrivé?

THÉODULE.

Au contraire et je venais vous l'annoncer... j'ai reçu
papa... ce matin par le chemin de fer... Il est en très-bon
état... je l'ai laissé...

MADAME FOLLENCHÈRE.

Tout entier à la joie de vous avoir revu...

THÉODULE.

Non, il se fait couper les cheveux.

MADAME FOLLENCHÈRE.

Ah! (Le prenant à part.) Voyez donc comme Blanche est jolie...

THÉODULE, à part.

Et l'autre donc.

MADAME FOLLENCHÈRE, le poussant vers sa fille.

Parlez-lui donc, vous êtes trop timide.

THÉODULE, à part, soupirant.

Allons, faisons ma cour. (Haut.) Mademoiselle Blanche. (Il s'arrête.)

BLANCHE.

Monsieur Théodule. . (Elle s'arrête.)

THÉODULE.

En ce beau jour, mademoiselle... En ce beau... (A part.) Ah! je trouvais bien mieux mes mots avec l'autre.

BLANCHE, à part, avec dépit.

Il a une conversation bien attachante.

MADAME FOLLENCHÈRE, les regardant avec satisfaction.

Comme ils s'entendent. (Bruit de vaisselle brisée.) Ah! mon Dieu!

VOIX DE BALIBOUZE.

Je te briserai comme ces assiettes, entends-tu?

MADAME FOLLENCHÈRE.

Balibouze!

SCÈNE III

Les mêmes, BALIBOUZE.

BALIBOUZE, entrant brusquement.

Bonjour, mesdames, bonjour.

MADAME FOLLENCHÈRE.

Quel bruit faites-vous?

BALIBOUZE, accent méridional très-prononcé.

Je causais avec Césarine, c'est une drôlesse qui se moque de moi et qui s'entend avec ma femme.

MADAME FOLLENCHÈRE.

Quelle idée! vous vous tourmentez toujours...

BALIBOUZE.

Oui, je me tourmente, oui, je me tourmente... Pardieu, ça vous est bien égal, à vous... Pourquoi Aglaé, qui a bonne mine, bon visage, le teint frais... veut-elle me faire croire qu'elle est malade?...

MADAME FOLLENCHÈRE.

Mais si elle est souffrante?...

BALIBOUZE.

C'est un conte... Elle a parfaitement déjeuné... Pourquoi veut-elle à toute force rester chez elle ?...

MADAME FOLLENCHÈRE.

Comment, nous ne l'aurons pas?

BALIBOUZE.

Je suis exposé à quelque chose, madame Follenchère... je suis exposé...

MADAME FOLLENCHÈRE.

C'est une migraine, voilà tout. (Changeant de ton.) Mais puisque Césarine est arrivée... Allons Blanche, viens veiller aux derniers préparatifs. (A Théodule.) Ah! c'est une bonne petite femme de ménage!

THÉODULE, à part.

Oh! le ménage!

BLANCHE, à part, s'en allant.

Eh bien! s'il est toujours comme ça, ce sera gai.

ENSEMBLE.

Air : *Polka de Hientz* (Edgard et sa bonne.)

MADAME FOLLENCHÈRE.

Viens mon enfant, accompagne ta mère
Songe ma chère
En Follenchère
A recevoir dignement un beau-père
Que l'on attend
Dans un instant.

BLANCHE.

Oui me voilà, je te suis, et j'espère
Savoir ma mère
En Follenchère
Comme il convient recevoir un beau-père
Que l'on attend
Dans un instant.

THÉODULE.

Dans mes ennuis, il faut savoir me taire
La chose est claire
Les Follenchère
Vont aisément captiver un beau-père
Que l'on attend
Dans un instant.

(Madame Follenchère sort avec Blanche.)

SCÈNE IV

BALIBOUZE, THÉODULE.

THÉODULE, *redescendant la scène.*

Sacrifié à la fleur de l'âge.

BALIBOUZE,

Ah! si j'avais quelque certitude! (Il frappe un coup violent sur la table.)

THÉODULE.

Qu'est-ce qui vous prend?

BALIBOUZE, *allant à lui.*

Écoute, Théodule... profite de mon exemple... Tu vas te marier...

THÉODULE, *avec amertume.*

Oui!... Et quand je pense que c'est vous... mon parrain... qui avez fait ce mariage-là...

BALIBOUZE.

De quoi te plains-tu?... Une jeune personne... qui t'apporte cent mille francs.

THÉODULE.

Oh!... Elle n'est pas mal...

BALIBOUZE.

Une fille unique...

THÉODULE.

Eh bien oui... elle est très-gentille...

BALIBOUZE.

Ornée d'une foule d'espérances...

THÉODULE.

Certainement, elle est charmante!... (Changeant de ton.) Mais moi, je suis trop jeune... voilà... Vous me mariez infiniment trop jeune!... C'est vrai... vous baclez ça... vous baclez ça... Écrit à papa le 1er du mois... Expédié par papa le 8... en seconde classe... J'arrive... et j'épouse fin courant... Ce n'est plus un mariage... c'est une échéance...

BALIBOUZE.

Tu ne connais pas ton bonheur!... Ah! si je m'étais marié aussi raisonnablement, moi... au lieu d'épouser l'an dernier... par amour...

THÉODULE.

Par amour... vous!... Et votre femme aussi?...

BALIBOUZE, *le regardant.*

Qu'entends-tu par là?...

THÉODULE, embarrassé.

Moi ?... je... (Vivement.) Par amour... continuez donc !...

BALIBOUZE.

Tu vas comprendre l'agitation où tu me vois !... Aglaé est Toulousaine !...

THÉODULE.

Ah ! diable !...

BALIBOUZE.

Fraîche comme une pêche de son pays !...

THÉODULE.

Une pêche de Toulouse. (A part.) Elle est jaune alors !...

BALIBOUZE.

La première fois que je la vis chez son père... Le père vendait du crin et des soies de porc... Théodule... J'eus un éblouissement... Des formes magnifiques dont on n'a pas idée dans ce pays-ci... J'ose dire que ma physionomie lui produisit la même impression ; le lendemain je l'enlevai à sa famille...

THÉODULE.

Vous n'y allez pas par quatre chemins, vous !... quel triomphe !...

BALIBOUZE, vivement.

J'en suis fier... (Changeant de ton.) Mais depuis... cette idée me cause un perpétuel tourment... Cette femme est tout enthousiasme... et l'enthousiasme... Théodule, c'est excessivement dangereux...

THÉODULE.

Voilà donc pourquoi vous ne m'avez pas reçu chez vous, seulement une pauvre petite fois...

BALIBOUZE.

Tu n'es pas le seul... J'ai flanqué toute ma famille à la porte. (S'animant.) Et malgré tant de précautions, je suis sûr qu'il y a un mystère aujourd'hui dans ma maison...

THÉODULE, très-tranquillement.

Ah !...

BALIBOUZE, violemment.

Je te dis qu'il y a un mystère... mais tu m'écoutes sans bouger... tu ne comprends rien aux orages de la passion...

THÉODULE.

Vous croyez ça... vous croyez ça, vous...

BALIBOUZE.

Plaît-il ?...

THÉODULE.

Vous croyez ça... mais vous vous imaginez donc qu'il n'y en a qu'à Toulouse... des femmes magnifiques...

BALIBOUZE.

Hé...

THÉODULE.

Eh bien, moi aussi j'en connais une... moi aussi j'ai rencontré un ange...

BALIBOUZE.

Un ange!... où ça?...

THÉODULE.

Rue Cadet!... Dans un endroit très-bien... à droite en montant.

BALIBOUZE.

Le Casino.

THÉODULE.

Chut!...

BALIBOUZE.

Tu y fus petit malheureux!

THÉODULE.

J'y fus petit malheureux... Ah parrain Balibouze... un enchantement... un rêve... une féerie... Et pleine de trucs celle-là... pleine de trucs...

BALIBOUZE.

Après ?...

THÉODULE.

Elle portait une robe d'un violet clair... un chapeau blanc... et des gants... qui avaient dû être de la même couleur... — à 10 heures je lui offris des marrons glacés... à 10 heures et demie des oranges glacées... à 11 heures du punch... glacé...

BALIBOUZE.

La première fois que nous sortîmes avec Aglaé... nous mangeâmes un ayoli... et du nougat... blanc...

THÉODULE, continuant avec exaltation.

Figurez-vous que c'était une noble étrangère... d'une très-grande famille... une comtesse!... elle me l'a dit...

BALIBOUZE, riant.

Une comtesse... au Casino !

THÉODULE.

Puisqu'elle me l'a dit!... une adorable femme égarée par hasard dans un endroit qui l'effrayait positivement!... et la preuve... c'est qu'elle a pris immédiatement mon bras... en réclamant ma protection!... (Avec feu.) Ah parrain!... un visage de l'ovale le plus aristocratique... des cheveux...

BALIBOUZE, l'interrompant.

La chevelure d'Aglaé... c'est l'aile du corbeau. . déployée...

THÉODULE, de même.

Une démarche à voiture... et de petits pieds...

BALIBOUZE.

Le pied d'Aglaé rendrait jaloux de sa bottine...

THÉODULE, de même.

Et de jolies mains...

BALIBOUZE.

Les deux mains d'Aglaé tiennent toutes les deux dans un baiser... un tout petit bécot...

THÉODULE, impatienté.

Mais je ne vous parle pas d'Aglaé, moi !... mais vous êtes amusant comme une boîte à musique avec votre femme... c'est toujours le même air...

BALIBOUZE.

Et si tu crois que je m'intéresse à ta sauteuse...

THÉODULE, indigné.

Sauteuse !... vous osez appeler...

BALIBOUZE.

Et oui sauteuse !... qui fait comme ça, tiens... (Il lève la jambe.)

THÉODULE.

Une sauteuse !... mais si vous aviez vu seulement la coupe de sa robe... il n'y a qu'une très-grande couturière... c'était très-mal cousu !... à tel point... tenez... tenez. (Il tire de sa poche un mouchoir dans lequel il prend des rubans de soie violette soigneusement enveloppés.)

BALIBOUZE.

Qué sa quo ?...

THÉODULE.

Des rubans du corsage qui se sont détachés... des reliques, Balibouze .. voyez c'est de la soie très-chère... et ceci... ceci...

BALIBOUZE.

Un mouchoir.

THÉODULE.

Qu'elle m'a prêté pour manger les oranges... est-ce assez fin comme tissu... est-ce assez brodé... (Avec exaltation.) Ah ! conserver les mouchoirs d'une femme qu'on aime...

BALIBOUZE.

Ça dispense d'en acheter !... (Il met le mouchoir et les rubans dans sa poche. Changeant de ton.) Ah ça, je te défends de songer plus longtemps à cette baliverne...

THÉODULE.

N'y plus songer !... quand j'ai osé lui écrire pour lui récla-

mer un rendez-vous pour ce soir... (D'un ton avantageux.) signé...
Arthur de Flambergy...

BALIBOUZE.

Flambergy!... petit serpent...

THÉODULE.

Et vous croyez que c'est une situation pour se marier... (avec
rage.) on me marie... quand je commence à peine à entre-
voir Paris... oh! Paris! Paris, Paris, Paris!...

BALIBOUZE.

Il flambe... il flambe... il crépite, c'est un volcan !...

THÉODULE, avec désespoir.

Elle songe à moi!... et on me marie!... elle m'attend! ..
et il faut que j'aille chercher papa!... (Avec un grand mouvement.)
Oh! si je m'écoutais...

BALIBOUZE, le retenant aux basques de son habit.

Où vas-tu?...

THÉODULE, très-tranquillement.

Eh bien, je vais chercher papa!... Voilà ce que vous avez
fait avec votre mariage... Je vais chercher papa !

ENSEMBLE.

Air : *Monsieur va au cercle.*

THÉODULE.

Plus de leurre
Tout à l'heure
Je reviens avec papa,
Mariage
Dont j'enrage
Qui trop tôt m'enchaînera.

BALIBOUZE.

Plus de leurre
Tout à l'heure
Reviens avec ton papa
Mariage
Qui l'enrage
Mais à temps l'enchaînera.

(Théodule sort.)

SCÈNE V.

BALIBOUZE, MADAME FOLLENCHÈRE, CÉSARINE, puis, SYLVAIN.

BALIBOUZE.

Est-ce bien là le fils de Montmiquet ? (Changeant de ton.)
Mais pourquoi Aglaé qui a bonne mine, bon visage... le

teint frais... veut-elle me faire croire (Apercevant Césarine qui entre avec madame Follenchère.) Césarine... Il faut absolument que je sache !...

MADAME FOLLENCHÈRE.

Allons, mon enfant... allons vite...

CÉSARINE.

Oui, madame (A part.) En v'là une corvée... Il faut que je serve en ville à présent...

MADAME FOLLENCHÈRE.

Tenez... les petits couteaux... les cuillers en vermeil (Elle lui donne deux boîtes.)

CÉSARINE.

A propos, madame sait que je devais sortir ce soir...

MADAME FOLLENCHÈRE.

Aussitôt le dîner servi... vous serez libre...

CÉSARINE.

Merci, madame... (A part.) J'te vas les faire dîner en poste. (Elle va pour sortir.)

BALIBOUZE, l'arrêtant au passage.

Ecoute, dis-moi pourquoi ta maîtresse s'obstine à rester chez elle... Je te ferai un cadeau.

CÉSARINE, à part.

Ah! ouiche!...

BALIBOUZE.

Tu seras une bonne fille.

CÉSARINE, l'écartant.

Mais monsieur, vous voyez que je suis occupée. (A part.) Oh! quel être assommant. (Elle sort.)

MADAME FOLLENCHÈRE.

Laissez-la donc, Balibouze, la pauvre enfant.

BALIBOUZE.

La pauvre enfant, la pauvre enfant, vous la connaissez joliment, c'est le fléau de mon intérieur... Pourquoi ne me répond-elle pas.

MADAME FOLLENCHÈRE.

Mais.

BALIBOUZE.

Je veux qu'elle me réponde... c'est ma domestique... Je la forcerai bien à parler.

MADAME FOLLENCHÈRE.

Elle n'a rien à vous dire.

BALIBOUZE.

Si elle ne me dit rien... je la flanquerai à la porte donc... ah! mais... nous verrons bien... Césarine, Césarine. (Il sort.)

MADAME FOLLENCHÈRE.

Il va encore la bouleverser, mon Dieu, quel homme? Ah ! vous êtes prêt, Sylvain.

SYLVAIN, s'approchant d'elle.

Madame a-t-elle communiqué à Césarine ?

MADAME FOLLENCHÈRE.

Eh! il est bien question... (On entend sonner.) On sonne, ce sont eux, allez ouvrir (Appelant.) Blanche ! Blanche !

BLANCHE, accourant.

Maman!

MADAME FOLLENCHÈRE.

Viens ici à côté de moi... et tiens-toi droite.

SCÈNE VI

MADAME FOLLENCHÈRE, BLANCHE, MONTMIQUET, THÉODULE.

SYLVAIN, annonçant.

Messieurs Montmiquet père et fils (Théodule entre avec Montmiquet tout en noir, gants blancs, cravate blanche, lunettes d'or ; grandes salutations.)

THÉODULE.

Madame Follenchère, j'ai l'honneur de vous présenter mon père, M. Montmiquet. Raison sociale J. A. P. Montmiquet, fils de Jacques et neveu de feu Pierre Antoine de Bayonne.

MADAME FOLLENCHÈRE, saluant.

Monsieur...

MONTMIQUET, gravement, assurant ses lunettes.

Madame, ce n'est pas sans une émotion profonde que j'ai franchi le seuil d'une demeure où mon fils va trouver une belle-mère et où j'apporte le cœur d'un père à mademoiselle votre fille... (Très-vite.) J'avais puisé la connaissance de toutes vos vertus, madame, dans la correspondance de notre ami commun Balibouze, en même temps que je lui retournais par le courrier toutes les références désirables concernant l'honorabilité, la solidité et le crédit de la maison Montmiquet ci-dessus nommée... (Posément.) Mais en vous voyant aujourd'hui, madame, en contemplant cette enfant au front pur, c'est avec une double expression de gratitude que je vous rends grâces d'avoir consenti à dire à mon fils : « *Connubio jungam stabili, propriam que dicabo.* » (Il fait un profond salut. Madame Follenchère sourit comme si elle comprenait.)

BLANCHE, bas à sa mère.

Qu'est-ce qu'il dit ?

MADAME FOLLENCHÈRE, de même.

Chut, ma fille, il habite les Pyrénées, c'est probablement
de l'Espagnol...

MONTMIQUET, rajustant ses lunettes, à Blanche.

Quant à vous, mademoiselle, joie de cette maison...
rayon de cet intérieur !... charmant et tendre fruit dont
madame votre mère est l'espalier superbe (Montmiquet et madame Follenchère se saluent), permettez-moi d'arrêter un regard
attendri sur le visage de celle qui doit être ma bru !... Sur
ce jeune visage... où je vois poindre déjà distinctement l'au-
rore de toutes les qualités maternelles !... « *Sic canibus catu-
los similes, sic...* »

THÉODULE, l'arrêtant, bas.

Papa...

MONTMIQUET, le regardant sévèrement.

Théodule... vous interrompez votre père.

THÉODULE.

Mais vous comprenez... (A part.) Ça les embête...

MONTMIQUET, continuant.

» *Matribus hædos !...* (Il fait une profonde révérence à Blanche.)

MADAME FOLLENCHÈRE, à sa fille.

Il est très-bien, très-bien, très-bien. (Tout le monde s'assied.)

MONTMIQUET.

J'ose espérer, madame, que pendant le mois écoulé, mon
fils vous a donné toutes les satisfactions désirables... qu'il
n'a commis aucune inconvenance... et qu'il s'est rendu
digne de la confiance dont vous l'avez honoré...

MADAME FOLLENCHÈRE.

Comment donc, ce cher Théodule...

THÉODULE.

Ah ! belle maman...

MONTMIQUET, sévèrement.

Dites madame !

MADAME FOLLENCHÈRE.

Pourquoi donc ? Un peu de familiarité c'est si naturel.

MONTMIQUET.

La familiarité entraîne un jeune homme sur la pente
funeste de la licence. — Théodule me comprend ! — Levez-
vous, mon fils. (Il se lève ; Théodule se lève également avec un geste
d'ennui des plus marqués ; prenant son fils dans ses bras.) Madame...
je le dis avec orgueil... C'est un arbuste éclos dans le jardin

de l'amour paternel!... Je l'ai cultivé... émondé... échenillé avec soin... arrosé d'excellents préceptes... Et plus tard... grâce à l'éducation universitaire... aux sacrifices que j'ai... (S'embrouillant.) Non pas que je prétende... bien au contraire... mais enfin, grâce... à mon exemple... à l'amour du tabac et à l'horreur du commerce. (Se reprenant vivement.) Non... à l'horreur du commerce et à l'amour du tabac... Non... (Furieux à son fils.) Mais répondez donc quelque chose... vous me laissez parler tout seul... Vous avez l'air d'une oie, mon fils ! (Il se rassied.)

THÉODULE.

Mais papa.

MADAME FOLLENCHÊRE, à sa fille.

Toi aussi... tu es là comme une petite bûche.

BLANCHE.

Mais maman.

SCÈNE VII

Les Mêmes, CÉSARINE.

CÉSARINE.

Madame, le dîner est servi.

THÉODULE, à part.

Cette voix. (Il tourne vivement la tête vers Césarine.)

CÉSARINE, son regard rencontre celui de Théodule, à part.

Ciel !... (Elle tombe assise sur une chaise et se relève aussitôt.)

THÉODULE, de même.

Dieu ! (Il tombe assis sur les genoux de son père qui le repousse violemment et le regarde avec le plus grand mécontentement.)

CÉSARINE, à part.

Mon Flambergy !...

THÉODULE, de même.

Ma comtesse !...

MONTMIQUET, à son fils.

Donnez donc le bras à mademoiselle...

THÉODULE, tout effaré.

Oui... (Il regarde toujours Césarine et offre le bras à son père.) Mademoiselle.

MONTMIQUET, l'arrêtant.

Que faites-vous, Théodule ?

THÉODULE, même jeu.

Ah !... non... (Il offre enfin son bras à Blanche, foudroyé par les regards de son père.) Mademoiselle...

BLANCHE, à part.

Qu'a-t-il donc ?

ENSEMBLE.

Air *de mademoiselle Dangerville.*

Mettons-nous à table à l'instant
Pour célébrer le jour charmant
Qui nous rassemble en ce moment
Et le bonheur qui nous attend.

(Ils sortent, madame Follenchère au bras de Montmiquet, Blanche au bras de Théodule.).

SCÈNE VIII

CÉSARINE, THÉODULE, puis BALIBOUZE.

CÉSARINE.

Quelle dégringolade... Mon Flambergy n'était qu'un Montmiquet et un Montmiquet avec son papa encore! Allez donc dans le monde pour être exposée à des tromperies pareilles... Et lui, cet Arthur... Ah! si j'avais cru passer ma soirée à lui passer des assiettes... Dieu de Dieu... je suis vexée...

THÉODULE, dans la coulisse.

Pardon, je l'ai laissé dans mon paletot...

CÉSARINE.

C'est lui...

THÉODULE, il regarde si on ne le voit pas et accourt vers elle.

Je n'ai pas le temps de vous faire des reproches...

CÉSARINE.

Hein?

THÉODULE.

Au nom du ciel, taisez-vous... Voilà tout ce que je vous demande pour le moment...

CÉSARINE, tendrement.

Arthur!...

THÉODULE, la reprenant.

Monsieur Théodule!

CÉSARINE, l'enveloppant de son regard.

Arthur pour moi!... je vous expliquerai...

THÉODULE.

Oui... oui... plus tard... mais de la discrétion... si jamais papa...

BALIBOUZE, qui vient d'entrer, à part.

Que dit-il? (Il se cache derrière la portière.)

CÉSARINE.

Et moi donc... si madame...

BALIBOUZE, à part.

Madame...

VOIX DANS LA COULISSE.

Théodule !... Ah ça, Théodule.

THÉODULE.

Voilà... voilà... (Il sort en courant.)

SCÈNE IX

CÉSARINE, BALIBOUZE, par le fond.

BALIBOUZE, arrêtant Césarine qui veut sortir.

Comment le connais-tu ?...

CÉSARINE.

Qui ?

BALIBOUZE.

Lui !...

CÉSARINE, se récriant.

Moi !

BALIBOUZE.

Pourquoi réclame-t-il ta discrétion ?..

CÉSARINE, de même.

Par exemple, si on peut dire...

BALIBOUZE.

Et tu as répondu, madame...

CÉSARINE, voulant s'échapper.

Laissez-moi donc, j'ai mon service...

BALIBOUZE.

Pourquoi, madame ?...

CÉSARINE, se remettant.

Vous v'là encore dans vos histoires... vous voulez toujours me faire bavarder sur madame... Ah! je la plains celle-là. (Elle sort rapidement.)

SCÈNE X

BALIBOUZE, puis THÉODULE.

BALIBOUZE.

Elle dit du bien de sa maîtresse... Ça n'est pas naturel... je professe une mésestime profonde pour cette créature. Et Théodule a des intelligences... je ne sais pas pourquoi je suis bourré de vilains pressentiments... je ne peux pas manger... Il me monte des chaleurs à la tête (Il tire de sa poche le mouchoir qu'il a pris à Théodule à la quatrième scène ; le regardant.) Tiens, j'ai pris un mouchoir d'Aglaé... (Il le déplie, les nœuds de rubans qui étaient roulés dedans s'en échappent.) Qu'est-ce ? (Les ramassant vivement.) Ces rubans... mais c'est le petit qui tout à l'heure... (Se levant dans la plus grande agitation.) Et dans le mouchoir d'Aglaé... Allons donc... allons donc... ce n'est pas... (Cherchant le chiffre du mouchoir.) Un A et un B... mais voilà bien sa marque. (Regardant les rubans.) Violette... une robe... mais je lui en ai donné une qui m'a coûté 350 francs! (Effaré.) Aglaé... Elle l'Aglaé de son Gaëtan... Elle égarerait ses mouchoirs au Casino... (Plus calme.) Cette semaine, à présent que j'y pense... elle n'était jamais à la maison... et ce soir encore... (Frappé d'une idée; avec un cri.) Ce soir encore... Flambergy!... quand je disais qu'elle se portait bien!

THÉODULE, entrant; il a sa serviette.

Dites donc parrain... mais on vous attend.

BALIBOUZE, à part.

Et ce serait un criquet pareil...

THÉODULE.

Dépêchez-vous... on est au rôti...

BALIBOUZE, se levant et regardant Théodule d'un ton menaçant.

Je vais vérifier le corsage de la robe... Monsieur...

THÉODULE, étonné.

Quel corsage ?...

BALIBOUZE.

Je vais voir si elle est là-haut.

THÉODULE.

Qui ?

BALIBOUZE.

Oh! je ne veux pas croire encore... mais j'approfondirai... (Fausse sortie. Revenant.) J'approfondirai, monsieur (Il sort.)

SCÈNE XI

THÉODULE, puis CÉSARINE.

THÉODULE, surpris.

Je ne l'empêche pas d'approfondir... il parait qu'il n'a pas faim... (Il va pour sortir, Césarine l'arrête au passage.)

CÉSARINE.

Vous êtes seul.

THÉODULE, voulant s'échapper.

Pardon... on dine...

CÉSARINE, l'arrêtant.

Un instant, Théodule.

THÉODULE, la reprenant avec mécontentement.

M. Théodule.

CÉSARINE, baisse les yeux.

Eh bien, monsieur...

THÉODULE, avec dignité.

Mademoiselle...

CÉSARINE, avec élan.

Ah ! Théodule, ne m'accusez pas...

THÉODULE.

Eh bien, non là... je ne vous accuse pas !... Mais vous comprenez que maintenant tout est fini... n'est-ce pas ?...

CÉSARINE.

Fini !... Et vos serments !...

THÉODULE.

Mes !... (Voulant s'échapper.) Pardon... c'est qu'on dine !

CÉSARINE, le rattrapant.

Qu'importe ! (Le regardant tendrement.) Voyons... suis-je donc si coupable ?...

THÉODULE.

Allons... allons, vous êtes encore une bonne farceuse, vous...

CÉSARINE, devenant sérieuse et le regardant fixement.

Une...

THÉODULE, à part, effrayé.

Cristi... quel œil ! (Haut vivement.) Non... non... je voulais dire... on dine, vous savez...

CÉSARINE, le retenant par le bras.

Est-ce que vous voudriez m'humilier ?...

THÉODULE.

Par exemple... moi... par exemple...

CÉSARINE, changeant de ton et pleurnichant.

Oh ! Théodule... vous rougissez de mon tablier...

THÉODULE.

Je rougis... je rougis... (Avec impatience.) Écoutez donc, ma chère amie... vous-même si vous trouviez une étiquette de la veuve Cliquot sur une bouteille de cidre...

CÉSARINE, furieuse.

Comment du cidre... (Elle le soufflette.)

THÉODULE.

Oh !

CÉSARINE, elle se jette sur le canapé en feignant de sangloter et en criant à pleine voix.

Ah ! il me méprise... il me méprise !...

THÉODULE, effrayé courant à elle.

Hein!... (Étouffant ses cris dans sa serviette.) Voulez-vous bien vous taire... vous allez ameuter toute la maison...

CÉSARINE, simulant une violente attaque de nerfs.

C'est affreux... ah!... (Elle gesticule et pousse des cris inarticulés.)

THÉODULE, hors de lui.

Césarine... (Il lui tamponne toujours la bouche.) Allons, bon! une attaque de nerfs... à présent... Césarine, pas de bêtises...

CÉSARINE.

Ah! malheureuse! (Elle continue à gesticuler et le bourre de coups de poings.)

THÉODULE.

Aïe!... Elle a des nerfs qui se portent bien... (Essayant toujours de la calmer.) Et pas le moindre flacon... si j'avais seulement un seau d'eau... (Lui tapant dans les mains.) Césarine, là... Césarine... si on entrait, mon Dieu...

CÉSARINE, d'une voix dolente.

Cruel!...

THÉODULE, respirant.

Ça se calme, allons, ça se calme...

CÉSARINE.

Méchant!

THÉODULE, à part.

Bon! elle tombe dans l'attendrissement.

CÉSARINE, lui jetant un regard noyé.

Vous regrettez, n'est-ce pas? vos affreuses paroles...

THÉODULE.

Certainement, certainement... je suis un homme épouvantable... n'en parlons plus... (Il veut se lever.)

CÉSARINE, le faisant retomber à genoux sur le tabouret.

Mon ami, vous ne me connaissez pas... je suis au-dessus de ma condition... allez...

THÉODULE, à part.

Elle veut dire qu'elle est en condition au-dessus.

CÉSARINE.

Si je vous racontais mon histoire...

THÉODULE, se levant avec énergie.

Ah! non, par exemple... ah! non...

CÉSARINE, se levant brusquement et d'une voix très-forte.

Et quand je pense que c'est pour épouser cette espèce de petite dinde...

THÉODULE, très-froissé.

Permettez, mademoiselle... Vous parlez de ma fiancée dans des termes...

CÉSARINE, le prenant par le bras, très-câline.

Oh ! Théodule...

THÉODULE, avec désespoir.

Mais sapristi... on dine... on dine...

CÉSARINE, le retenant.

Est-ce bien la femme qui vous convient ? (S'appuyant sur son bras.) Avez-vous jamais pensé au bonheur d'épouser une jeune fille d'une condition modeste... dont vous changeriez la destinée ?

THÉODULE, très-surpris.

Non... jamais...

CÉSARINE, continuant avec un mouvement d'impatience.

Une femme... dont l'existence entière... consacrée à la reconnaissance...

THÉODULE, à part, lui lâchant le bras.

Ah ! ça... elle me fait l'offre de sa main !

CÉSARINE, avec élan.

Ah ! Théodule... voilà comment... j'aurais voulu pouvoir vous épouser, moi...

THÉODULE, de même.

Vrai ? (Sérieux.) Tenez, Césarine, j'ai visité les monuments de Paris les plus élevés... Mais, parole d'honneur, vous les dépassez de toute la tête...

CÉSARINE, furieuse, à part.

Ça ne mord pas.

THÉODULE.

D'abord je n'ai qu'une parole... vous m'avez promis une comtesse... Eh bien ?...

CÉSARINE.

Eh bien... Est-ce que vous êtes de Flambergy, vous !...

THÉODULE, à part.

Tiens, non au fait, je ne suis pas... (Vivement.) Oh ! elle me tire d'affaire... (Haut.) Césarine, je suis aussi coupable que vous, je le reconnais... (Lui prenant les deux mains.) Il ne nous reste donc...

CÉSARINE.

Eh bien...

THÉODULE, gravement.

Qu'à nous pardonner mutuellement, Césarine, je vous pardonne. (Il l'embrasse au front.)

SCÈNE XII

THÉODULE, CÉSARINE, MONTMIQUET.

MONTMIQUET, avec indignation.

Oh !

THÉODULE, foudroyé.

Papa ! (Il s'éloigne vivement de Césarine.)

MONTMIQUET.

Je vous surprends à embrasser les soubrettes... monsieur !...

THÉODULE, à part.

Pristi !... (Haut, très-embarrassé.) Embrasser par exemple, embrasser. (Vivement). Non !... mais comme on m'avait dit qu'elle volait de la pommade... Alors, pour m'en assurer...

MONTMIQUET.

Me prenez-vous pour un père de comédie ? (Le regardant avec des yeux furibonds.) Est-ce pour me rendre témoin de pareilles turpitudes que vous m'avez fait venir de Bayonne ?...

THÉODULE.

Papa, croyez bien...

MONTMIQUET.

Quelle idée donnez-vous de votre éducation... savez-vous ce qu'on pense à vous voir vous lever ainsi de table à chaque instant.

THÉODULE.

Mais...

MONTMIQUET, l'entraînant.

Arrivez donc, monsieur ; arrivez donc, qu'on vous aperçoive au moins pour le dessert...

THÉODULE, entraîné.

Papa... je vous jure que c'était pour la pommade. (Ils disparaissent.)

SCÈNE XIII

CÉSARINE, BALIBOUZE.

CÉSARINE.

Ah ! il me pardonne... ah ! voilà comme il me traite... Tu me le payeras, Théodule...

BALIBOUZE, il entre rapidement en tenant sur le bras une robe de soie violette.

Sortie... Elle est sortie, Aglaé... (Avec accablement, montrant la robe.) Et les rubans se rajustent complètement au corsage...

CÉSARINE, à part.

Qu'est-ce qu'il traine là ?...

BALIBOUZE, l'apercevant, avec violence.

Avance-toi!... J'aurais de la satisfaction à t'étrangler...

CÉSARINE, reculant.

Hein ?...

BALIBOUZE.

Mais j'ai besoin de renseignements. (Lui montrant la robe.) Regarde... je sais tout...

CÉSARINE, à part.

Aïe !... aïe!... aïe!...

BALIBOUZE.

Tu protéges les intrigues de Théodule... (Mouvement de Césarine. Avec douleur.) Et de la perfide Aglaé...

CÉSARINE, vivement.

Madame!...

BALIBOUZE, avec violence.

Ne mens pas!...

CÉSARINE, à part.

Il croit que c'est sa femme... Tiens, c'est bien plus drôle...

BALIBOUZE.

Ne mens pas...

CÉSARINE.

Je ne dis rien...

BALIBOUZE.

N'essaye pas de te défendre...

CÉSARINE, tranquillement.

C'est bien inutile... Quand monsieur a quelque chose dans la tête...

BALIBOUZE.

Tu oserais prétendre le contraire.

CÉSARINE.

Monsieur sait bien que je ne l'obstine jamais.

BALIBOUZE.

Quand j'ai les preuves, les preuves, les preuves.

CÉSARINE.

Alors, dam, si monsieur est si sûr de ce qu'il dit

BALIBOUZE, avec violence.

Avoueras-tu?

CÉSARINE, vivement.

Trahir madame.

BALIBOUZE.

Trahir… tu l'as dit… tu savais que Théodule est un petit misérable.

CÉSARINE.

Ah! pour ça, c'est vrai.

BALIBOUZE, tombant accablé.

Ah! voilà la dernière goutte d'amertume.

CÉSARINE, à part.

Tire-toi de là, Théodule.

BALIBOUZE, se relevant avec fureur.

J'en ferai de la charpie.

CÉSARINE, à part en sortant.

Ces méridionaux, ça mange tout le monde et ça n'avale personne. (Elle sort.)

SCÈNE XIV

BALIBOUZE, THÉODULE.

BALIBOUZE, se promenant agité.

Je ferai un exemple dont on parlera.

THÉODULE, entrant d'un air gai.

Le dîner est enfin terminé, après toutes ces secousses… J'aspire au calme (Apercevant Balibouze.) Tiens, vous voilà revenu, vous?

BALIBOUZE, s'approchant de lui.

Sais-tu ce que c'est qu'un homme qui est né dans le Midi?

THÉODULE.

Un ténor, quelquefois… un perruquier, souvent.

BALIBOUZE.

Ah! tu es de belle humeur?

THÉODULE.

Oui, je suis assez…

BALIBOUZE, l'interrompant.

Écoute, Théodule, je ne veux pas te prendre en traître… si tu étais venu chez moi, tu aurais vu…

THÉODULE.

Madame Balibouze… mais vous n'avez pas voulu… enfin.

BALIBOUZE, réprimant un mouvement.

Tu aurais vu une épée de combat qui me fut donnée aux acclamations de mes compatriotes après le mémorable assaut où Balibouze, de Marseille, boutonna vingt et une fois le fameux Macabiau de Nîmes... le célèbre Cabiboul de Cette, et l'illustre Barboulat de Carcassonne.

THÉODULE, avec admiration.

Cabiboul et Barboulat.

BALIBOUZE.

De Carcassonne !... Autre chose... à quarante pas... avec un pistolet... et une seule balle... je mouche une chandelle...

THÉODULE.

Sans poudre ?...

BALIBOUZE.

Avec une miette de poudre...

THÉODULE.

Ah !... je disais aussi... A quarante pas !... Mais vous êtes une mouchette rayée...

BALIBOUZE.

Ce n'est pas tout !... (Lui montrant sa main.) Examine cette main...

THÉODULE.

Vous devez ganter dans les huit trois quarts, après...

BALIBOUZE.

Il ne s'agit pas de peau de chèvre, monsieur. (Avec éclat.) Elle est terrible cette main... Regarde un peu. (Il court à la cheminée et saisit les pincettes.)

THÉODULE, à part.

Il va avaler les pincettes à présent !...

BALIBOUZE.

Regarde... (Il lui montre les pincettes qu'il a complétement tortillées.)

THÉODULE.

Ah ! vous auriez fait un joli serrurier !...

BALIBOUZE.

Crois-tu que je te désarticulerais facilement ?

THÉODULE, sautant en arrière.

Moi !...

BALIBOUZE, Il saisit la robe violette et l'étale aux yeux de Théodule.

Malheureux !... voilà sa robe !...

THÉODULE, stupéfait.

Ah bah !...

BALIBOUZE.

Césarine m'a tout avoué...

THÉODULE.

Comment! elle a eu l'aplomb ?

BALIBOUZE, secouant toujour la robe.

La reconnais-tu ? la reconnais-tu ?

THÉODULE.

Dame!... parrain... puisque vous le savez...

BALIBOUZE.

Une robe que je lui ai achetée moi-même...

THÉODULE, très-surpris à part.

Comment! à sa femme de chambre...

BALIBOUZE, avec douleur.

Qui m'a coûté 350 et des francs... (Fouillant dans sa poche.) Et c'était pour en faire une pareille boîte aux lettres. (Il en tire une lettre qu'il lui porte violemment entre les deux yeux.) Tu pâlis, Flambergy.

THÉODULE, tremblant un peu.

Écoutez, parrain, parole d'honneur... si j'avais pu prévoir.

BALIBOUZE, désolé.

Une femme que je faisais profession d'adorer...

THÉODULE, à part.

Elle est gentille, sa profession... c'est qu'il le crie sur les toits, encore.

BALIBOUZE.

Nous nous massacrerons tous les deux!

THÉODULE, épouvanté.

Ah! mais non! ah! mais non! Je ne suis pas de force.

BALIBOUZE, avec mépris.

Tu as peur.

THÉODULE.

Je n'ai pas peur du tout... mais si vous croyez que je vous laisserai exercer vos talents sur moi... un homme qui a été fourré vingt ans peut-être dans les salles d'armes.

BALIBOUZE.

Vingt-cinq.

THÉODULE.

Je demande le même temps pour me préparer... dans vingt-cinq ans... (Il veut s'en aller.)

BALIBOUZE, le retenant.

Demain matin... à la première heure.

THÉODULE, criant.

C'est trop tôt, c'est trop tôt!

BALIBOUZE, le dominant du regard.

Ah! tu ne te doutes pas de ce que c'est que la vengeance des Balibouze. Écoute : Il y avait une fois un Balibouze qui reçut une tape d'un rival, ils se battirent au sabre... à la latte! Balibouze trancha le bras de son adversaire... et il se fit faire un jeu de dominos avec l'os... (Il lui secoue le bras.)

THÉODULE, épouvanté.

Un jeu de... (Lui arrachant son bras.) Voulez-vous bien laisser mon bras.

SCÈNE XV

BALIBOUZE, THÉODULE, MADAME FOLLENCHÈRE, MONTMIQUET, SYLVAIN.

MADAME FOLLENCHÈRE, entrant avec Montmiquet.

Par ici, cher monsieur.

BALIBOUZE, à Théodule.

Du calme, je ne dirai rien à ton père.

THÉODULE, à part.

Ah ! si j'avais su... c'est un ogre !... (Il tombe assis sur le canapé.)

MADAME FOLLENCHÈRE.

Balibouze, vous voilà donc !

MONTMIQUET.

Balibouze! enfin !

BALIBOUZE.

Montmiquet... (Ils se serrent les mains.)

MONTMIQUET.

Cher... ancien et excellent ami, souffrez les étreintes reconnaissantes d'un père qui vous doit le bonheur de son fils !

BALIBOUZE.

Son bonheur... oui... je continue à m'en occuper.

THÉODULE, indigné, à part.

Et... il ose serrer les mains à papa.

MADAME FOLLENCHÈRE, montrant à Montmiquet la table à jouer que Sylvain a disposée et sur laquelle il a placé deux flambeaux allumés.

Allons, vous aimez à faire votre petite partie après dîner...

MONTMIQUET.

Je ne suis point ennemi, je l'avoue, des émotions discrètes d'un jeu modéré... (Il s'assied à la table.)

MADAME FOLLENCHÈRE.

Balibouze... on vous attend... les armes à la main...

BALIBOUZE, à Théodule.

On ne m'attend jamais..., les armes à la main. (Il va se placer vis-à-vis de Montmiquet.)

THÉODULE, à part.

Je ne t'attendrai pas non plus... Sois tranquille!

MONTMIQUET, à Balibouze.

Vous serait-il agréable de jouer cinquante centimes... A

vous de faire... soyez assez bon pour donner... (Ils commencent à jouer... On entend les premiers accords d'un piano, madame Follenchère qui les regardait court précipitamment à Théodule.)

MADAME FOLLENCHÈRE.

Ah ! Théodule... ma fille... c'est ma fille... elle se met au piano.

THÉODULE, absorbé.

Petite malheureuse !... c'est elle ! pourtant !...

MADAME FOLLENCHÈRE, sautant.

Petite malheureuse, ma fille !... Ah ! ça, Théodule... (Elle lui touche légèrement l'épaule.)

THÉODULE, plongé dans ses idées.

Un jeu de dominos...

MADAME FOLLENCHÈRE, tout à fait scandalisée.

Vous demandez des dominos, quand ma fille...

THÉODULE, revenant à lui, vivement.

Non, non, pardon... Quoi !

MADAME FOLLENCHÈRE, le forçant à se lever.

Mais courez donc... Courez donc applaudir votre fiancée..

THÉODULE, ahuri.

Avec plaisir... avec plaisir... (A part.) Ah ! si je pouvais m'en aller. (Il sort, le piano cesse.)

SCÈNE XVI

BALIBOUZE, MONTMIQUET, MADAME FOLLENCHÈRE.

MADAME FOLLENCHÈRE.

A quoi pense-t-il donc, mon gendre ?

MONTMIQUET, à Balibouze.

J'aurai l'honneur de vous en demander deux !

BALIBOUZE, sans l'écouter, à part.

Aglaé...

MONTMIQUET, répétant.

Vous serait-il agréable de m'en donner... deux ?

BALIBOUZE, de même.

Aglaé .. Aglaé...

MONTMIQUET, lui touchant le bras.

Balibouze, vous ne prêtez pas à cette partie tout le sérieux qu'elle comporte... Voulez-vous me donner deux cartes, oui ou non ?

BALIBOUZE.

Eh ! dites-le donc !

MONTMIQUET.

Je vous ferai observer que voilà trois fois... (Il regarde avec stupéfaction Balibouze, qui dans sa distraction lui distribue tout ce qu'il reste dans le jeu.) Mais vous m'en donnez trop... à présent !

BALIBOUZE, commençant à s'impatienter.

Eh ! prenez ce qu'il vous faut.

MONTMIQUET, très-mécontent, prend les deux cartes et joue.

La dame d'atout.

BALIBOUZE, à lui-même.

Fausse, fausse comme ce jeton. (Il prend un jeton qu'il casse.)

MONTMIQUET, répétant.

La dame d'atout. (Balibouze le regarde, jette une carte et prend la levée, lui arrêtant le bras.) La levée est à moi... monsieur... Vous croyez donc jouer à la bataille ?

BALIBOUZE, à part.

Ah ! comme il m'agace. (Il froisse convulsivement les cartes qu'il tient et les met en morceaux.)

MADAME FOLLENCHÈRE, courant à lui.

Mes cartes !... Mais vous me déchirez mes cartes, Balibouze.

BALIBOUZE, excitation croissante.

Eh ! je vous en rendrai.

MADAME FOLLENCHÈRE.

Ce n'est pas pour la valeur.

BALIBOUZE, prenant un flambeau qu'il frappe sur la table avec force.

Qu'est-ce que vous voulez à la fin !

MONTMIQUET, se levant brusquement.

Vous m'emplissez de bougie, monsieur.

MADAME FOLLENCHÈRE, criant.

Mes bobèches !... mes bobèches.

BALIBOUZE, se levant à son tour.

Eh ! aussi vous êtes là à m'ennuyer avec vos bêtes de cartes... (Il se promène à grands pas.)

MONTMIQUET, scandalisé.

Monsieur...

MADAME FOLLENCHÈRE.

Mon ami, vous n'êtes pas dans votre état naturel.

BALIBOUZE.

Ça ne vous regarde pas...

MADAME FOLLENCHÈRE, insistant.

Il vous est arrivé quelque chose.

BALIBOUZE, furieux.

Est-ce que vous vous moquez de moi ! Est-ce que vous voulez faire des gorges-chaudes sur mon compte ?

MADAME FOLLENCHÈRE.

Par exemple, notre vieille amitié...

MONTMIQUET.

Le sérieux, bien connu, de mon caractère.

MADAME FOLLENCHÈRE.

Peut-être quelques bonnes paroles...

MONTMIQUET.

Si les consolations discrètes...

BALIBOUZE, avec ironie.

Des consolations... des consolations... (S'attendrissant subitement.) Ah ! oui, j'en aurais besoin, de consolations... (Avec douleur) Aglaé... Aglaé...

MADAME FOLLENCHÈRE, bas à Montmiquet.

Sa femme !

BALIBOUZE.

Oui, vous êtes de vrais amis, vous. (Il serre la main de madame Follenchère et de Montmiquet qui s'attendrissent visiblement, d'une voix très-faible.) Apprenez donc... (Il se relève brusquement et d'une voix furieuse à Montmiquet.) Votre fils est un polisson...

MONTMIQUET.

Mon fils !

MADAME FOLLENCHÈRE.

Mon gendre !...

MONTMIQUET.

Monsieur... je vous adjure de prouver...

BALIBOUZE, il porte la robe de sa femme à madame Follenchère, lui présentant la poche.

Fouillez !... (Madame Follenchère très-étonnée hésite.) Fouillez donc, fouillez donc...

MADAME FOLLENCHÈRE.

Une lettre...

BALIBOUZE.

Dans la poche d'Aglaé... lisez.

MADAME FOLLENCHÈRE.

Mon ami, il est inutile...

BALIBOUZE, avec emportement.

Mais, quand je vous dis de lire...

MADAME FOLLENCHÈRE.

Ne le contrarions pas... (Lisant.) « Madame, puisque vous
» ne pouvez disposer que des jours que vous m'indiquez,
» j'aurai l'honneur de vous attendre lundi et mercredi...
» Veuillez être exacte, madame, et nous pourrons réaliser
» la surprise que nous ménageons à votre mari. »

MADAME FOLLENCHÈRE et MONTMIQUET, se regardant.

La surprise!

BALIBOUZE, qui a écouté, avec une profonde stupéfaction.

Mais ça n'est pas ça...

MADAMAME FOLLENCHÈRE, lisant sa signature.

Jules Coliquet, artiste... peintre.

BALIBOUZE, avec désespoir.

Un Coliquet à présent... et Flambergy dans l'autre poche...

MADAME FOLLENCHÈRE.

Comment?

BALIBOUZE, anéanti.

C'est un malheur... en partie double.

MADAME FOLLENCHÈRE.

Mon ami...

MONTMIQUET.

Cher Balibouze...

BALIBOUZE.

Ah! Je m'attends à tout à présent... Flambergy... Coliquet et compagnie... et compagnie... (Il marche à grands pas, s'arrêtant tout à coup) Oh!...

MADAME FOLLENCHÈRE et MONTMIQUET.

Quoi?

BALIBOUZE, vivement.

Chut!... des pas... on marche là-haut... elle est rentrée... Oh! je saurai... Je saurai... (Il s'élance, s'arrêtant.) Pourvu que je ne la pulvérise pas avant qu'elle se soit expliquée... (Il sort en courant.)

SCÈNE XVII

MONTMIQUET, MADAME FOLLENCHÈRE, puis THÉODULE, SYLVAIN.

MADAME FOLLENCHÈRE.

On ne sait que lui dire...

MONTMIQUET.

En effet, quoique fortement impressionné, il est difficile de trouver des expressions... Mais je voudrais bien savoir en quoi Théodule...

THÉODULE, rentrant pâle et défait.

Le piano m'a achevé... j'ai la tête perdue...

MONTMIQUET.

Le voilà! (Sévèrement.) Mon fils, approchez...

MADAME FOLLENCHÈRE, arrêtant Théodule au passage.

Vous avez entendu Blanche! hein! quel doigté... quelle... (L'examinant.) Seigneur... comme il est pâle.

THÉODULE, vivement.

Moi! la chaleur probablement...

MADAME FOLLENCHÈRE.

Le pauvre enfant! (Apercevant Sylvain qui passe avec un plateau chargé de tasses de thé.) Ah! peut-être une tasse de thé... Sylvain! (Elle va à Sylvain.)

THÉODULE, à part.

Un homme qui a boutonné Cabiboul et Barboulat... de Carcassonne!...

MADAME FOLLENCHÈRE, lui apportant une tasse de thé.

Tenez, il est brûlant. (Théodule prend la tasse et la porte à ses lèvres.)

MONTMIQUET, lui arrêtant le bras.

Vous venez d'être qualifié par votre parrain Balibouze!...

THÉODULE, avec effroi.

Balibouze!... (Il laisse retomber la main qui tenait la tasse. Tout le thé se répand sur les genoux de Montmiquet.)

MONTMIQUET, poussant un cri de douleur.

Oh!... oh! oh!...

MADAME FOLLENCHÈRE.

Grand Dieu!...

MONTMIQUET.

Vous échaudez votre père. (Théodule se recule effrayé de ce qu'il vient de faire.)

MADAME FOLLENCHÈRE, courant chercher une carafe.

Un peu d'eau fraîche, tenez... tenez...

MONTMIQUET, s'épongeant les genoux.

Madame, je suis désolé... (Courant à son fils.) Dans quel état vous êtes-vous mis?

MADAME FOLLENCHÈRE.

Il n'est pas bien du tout... je vais lui faire un verre d'eau sucrée... (Elle va préparer le verre d'eau.)

MONTMIQUET, bas à son fils.

Est-ce une tenue, monsieur, est-ce une tenue?

THÉODULE.

Papa...

MONTMIQUET.

Vous êtes donc comme les enfants, vous ne pouvez pas dîner en ville sans vous indigérer.

THÉODULE, avec angoisse.

Ah! si vous vous doutiez de ma position...

MONTMIQUET.

Dissimulez, monsieur, dissimulez, vous me faites mourir de confusion.

MADAME FOLLENCHÈRE, apportant le verre à Théodule.

Là, Théodule, buvez bien doucement...

THÉODULE, repoussant le verre avec désespoir.

Mais laissez-moi donc un peu tranquille.

MADAME FOLLENCHÈRE, froissée.

Comment!

THÉODULE, avec force.

C'est vrai, vous êtes là à me bourrer de tasses de thé et de verres d'eau sucrée. Est-ce que je vous le demande?... est-ce que je vous le demande?

MONTMIQUET.

Monsieur...

THÉODULE, continuant.

Et quand j'ai les nerfs dans l'état le plus déplorable, vous me forcez à entendre un piano qu'on tapote.

MADAME FOLLENCHÈRE, scandalisée.

Tapoter, ma fille... tapote à présent...

MONTMIQUET.

Madame, madame, le malheureux n'a pas conscience...

MADAME FOLLENCHÈRE.

Tapoter!...

MONTMIQUET.

Madame, par égard pour moi !

MADAME FOLLENCHÈRE.

Monsieur, certainement vous êtes parfait, vous, mais ce n'est pas vous qui épousez ma fille... tapoter !... (Elle sort en gesticulant avec le verre qu'elle tient toujours, et dont elle lance sans s'en apercevoir toute l'eau dans le gilet de Montmiquet.)

MONTMIQUET, poussant un cri.

De l'eau froide, à présent... et dans l'estomac... (A son fils.) Êtes-vous content, monsieur? (Courant à la porte.) Madame Follenchère! (Revenant à Théodule.) Nous aurons une explication ce soir à l'hôtel. (Il repart en courant.) Madame Follenchère! madame Follenchère!... (Il disparaît.)

SCÈNE XVIII

THÉODULE, CÉSARINE, sans bonnet.

THÉODULE, avec résolution.

Je file... en chemin de fer... n'importe lequel... j'attendrai le jour à la gare; c'est lâche, mais je me sauve...

CÉSARINE, qui l'a entendu.

Sans moi ?

THÉODULE, avec enthousiasme.

Ah ! oui !

CÉSARINE.

Partir, pourquoi ?

THÉODULE.

Ah ça ! est-ce que vous me croyez d'humeur à me laisser naïvement massacrer par ce spadassin amateur ?... (Il veut sortir.)

CÉSARINE, se mettant devant lui avec éclat.

Et s'il me massacre, moi !

THÉODULE.

Vous ! (Il s'arrête subitement.) Tiens ! je n'y avais pas pensé du tout.

CÉSARINE, affectant une grande terreur.

Je ne vous quitte plus.

THÉODULE, atterré.

Complet ! Ah ! infâme Casino !...

CÉSARINE.

Non ! vous n'abandonnerez pas une faible femme...

THÉODULE.

Faible femme... faible femme...

CÉSARINE, l'entraînant.

Il est capable de tout cet homme, emmenez-moi ! Partons... partons..

THÉODULE.

Eh bien oui, certainement... mais pas comme ça.

CÉSARINE.

Comment !

THÉODULE.

Je ne peux partir sans un sou.

CÉSARINE, lui lâchant le bras.

Oh ! non ! non... non.

THÉODULE.

Tout à l'heure... dans la cour... un signal... Vous me rejoindrez par l'escalier de service.

CÉSARINE.

Bien !

THÉODULE, vivement.

Mais, surtout, attendez le signal. (A part.) Attends-le, ma fille... attends-le... (Il sort rapidement.)

CÉSARINE, le suivant des yeux.

Oh ! Théodule... généreux Théodule... mon... (Redescendant la scène.) Ah ! c'est un bon petit serin. (Apercevant Balibouze.) Tiens l'autre à présent.

SCÈNE XIX

BALIBOUZE, CÉSARINE.

BALIBOUZE, entrant d'un air soucieux; il tient un médaillon à la main.)

Cette femme me fait croire tout ce qu'elle veut. Je n'ai aucune défense contre elle... Et pourtant cette malheureuse robe. (Apercevant Césarine.) Quels mensonges m'as-tu contés, toi?

CÉSARINE.

Par exemple, si j'ai rien dit...

BALIBOUZE.

Regarde. (Il lui montre le médaillon.)

CÉSARINE.

Tiens, c'est le portrait de madame.

BALIBOUZE.

Et au-dessous... à mon Gaëtan... Et demain la Saint-Joseph, ma fête, Joseph Gaëtan... Signé : Jules Coliquet... Tu vois bien que Coliquet est un excellent jeune homme qui mérite toute mon estime.

CÉSARINE.

Eh bien?

BALIBOUZE.

Et ce soir tu savais que si Aglaé était sortie, c'était dans la crainte que l'encadreur ne lui manquât de parole.

CÉSARINE.

Est-ce que ça me regarde, moi, vos Coliquet et vos Flambergy?

BALIBOUZE, vivement.

Flambergy... Comment sais-tu son nom ?

CÉSARINE, décontenancée.

Moi! (A part.) Oh! quelle bêtise.

BALIBOUZE.

Ah! petit nid de serpents... petite fiole d'acide prussique.

CÉSARINE, se révoltant.

Dites donc.

BALIBOUZE.

Réponds... réponds... Tu es à mon service.

CÉSARINE.

Eh bien, merci... pour m'entendre agonir comme ça... je donne mon compte.

BALIBOUZE.

Hein?

CÉSARINE, défaisant rapidement son tablier.

Tenez... tenez, v'là votre tablier, je m'en vas.

BALIBOUZE.

Tu vas...

CÉSARINE.

En voyage. (Elle s'élance pour sortir.)

BALIBOUZE, la rattrapant.

Attends donc... attends donc... (Lui désignant le peigne de son chignon.) Qu'est-ce que c'est que ce peigne?

CÉSARINE, atterrée, à part.

Pincée.

BALIBOUZE.

De l'écaille blonde superbe dont j'ai fait cadeau à Aglaé...

CÉSARINE, embarrassée.

Dam! monsieur, c'est que le mien est cassé... et, en attendant qu'on le raccommode.

BALIBOUZE, qui l'examine attentivement.

Donne un peu... (Il lui prend les mains.) Mais ces manchettes... ce col... (Il lui tire son mouchoir de sa poche.) Ce mouchoir... Eh! c'est toute la lingerie de ma femme.

CÉSARINE, baissant les yeux.

Le blanchissage coûte si cher pour une malheureuse domestique.

BALIBOUZE.

Mais alors... mais alors... (Entraînant violemment Césarine devant la robe violette; la lui montrant avec éclat.) Tu te fourrais donc là dedans aussi.

CÉSARINE.

Madame m'avait dit qu'elle avait l'intention de me la donner... alors.

BALIBOUZE.

Alors... c'est rue Cadet que tu vas lire le journal à ta tante.

CÉSARINE, avec aplomb.

Elle y demeure, monsieur.

BALIBOUZE.

Elle y demeure... Je lui payerai son loyer. (Avec transport.) Aglaé est innocente... Césarine.

CÉSARINE.

Monsieur.

BALIBOUZE.

Tu es une bonne fille! et tu auras de l'augmentation.

CÉSARINE.

Ah! bah!...

BALIBOUZE.

Innocente Aglaé... Césarine, je te donne la robe... Je te donne le peigne... Je te donne les manches et la permission d'aller au Casino.

CÉSARINE.

Oh! monsieur... pour une seule petite fois... en passant.

BALIBOUZE.

Retournes-y... les jeunes personnes ont si peu de distractions... innocente Aglaé!... Césarine, embrasse-moi.

CÉSARINE.

Oui, monsieur. (Ils s'embrassent.)

SCÈNE XX

BALIBOUZE, CÉSARINE, MADAME FOLLENCHÉRE, BLANCHE.

MADAME FOLLENCHÈRE.

Oh! Balibouze! (Bas.) Devant ma fille.

BLANCHE, à part.

Tiens, il embrasse sa bonne.

BALIBOUZE.

La joie, madame Follenchère, la joie! Aglaé est toujours digne de son époux... demandez à Césarine.

CÉSARINE, à part.

Par exemple !

BALIBOUZE.

Et j'ai osé soupçonner un ange pareil! (Frappé d'une idée.) Mais le pauvre petit Théodule... où est-il?

MADAME FOLLENCHÈRE.

Ne me parlez plus de votre Théodule, encore disparu. Son malheureux père est à sa poursuite.

BLANCHE, se jetant dans les bras de sa mère.

Ah! maman, je suis bien malheureuse.

BALIBOUZE, vivement.

Je vous assure que ce n'est pas sa faute !...

MADAME FOLLENCHÈRE.

Pas sa faute !... après les inconvenances perpétuelles...

BALIBOUZE.

Ce n'est pas sa faute !... demandez à Césarine...

CÉSARINE, à part.

Encore !...

SCÈNE XXI

Les Mêmes, MONTMIQUET, THÉODULE.

MONTMIQUET, traînant son fils.

Des excuses, monsieur, des excuses !

BALIBOUZE.

Ah le voilà. (Il s'élance vers Théodule.)

THÉODULE.

Au secours !

BALIBOUZE.

Viens dans mes bras, Théodule... (Il le prend dans ses bras.)

THÉODULE.

Vous ne voulez donc plus me tuer...

BALIBOUZE, vivement.

Moi !... ton second père...

TOUS.

Le tuer !...

BALIBOUZE.

Rien... une petite plaisanterie... (Bas à Théodule.) Ah ! mon gaillard... c'était Césarine...

THÉODULE.

Et bien...

BALIBOUZE, de même.

Je te rends toute mon estime. (Haut.) Madame Follenchère... voilà le gendre qu'il vous faut.

MADAME FOLLENCHÈRE.

Par exemple... après ce qui s'est passé.

CÉSARINE, à part.

Oh ! si ça pouvait manquer...

BALIBOUZE.

Puisque je vous dis que j'en réponds...

MONTMIQUET, suppliant.

Madame, au nom des cheveux blancs qui me pousseront bien certainement après cette soirée...

MADAME FOLLENCHÈRE.

Monsieur, certainement... j'apprécie.

BALIBOUZE, de même.

Voyons, madame Follenchère... les cheveux à Montmiquet... c'est une considération...

THÉODULE, de même.

Les cheveux à papa !...

MADAME FOLLENCHÈRE.

Eh bien oui, et bien oui... j'y consens... (Faisant passer Blanche à côté de Théodule.) Mais Théodule... songez que le bonheur de ma fille...

BALIBOUZE.

Elle sera très-heureuse... demandez à Césarine !...

ENSEMBLE.

Air :

Ici chacun s'accorde
Un pardon généreux;
Ainsi plus de discorde
Et soyons tous heureux.

FIN.

www.ingramcontent.com/pod-product-compliance
Lightning Source LLC
LaVergne TN
LVHW021754060726
842528LV00003B/942